글 박수연
대학에서 국어국문학을 전공했습니다. 지금은 출판사에서 그림책을 만들며 글을 쓰고 있습니다.
그림책을 만드는 일에 행복함을 느끼며, 아이들이 재미있게 읽을 수 있는 그림책을 만들기 위해
노력하고 있습니다. 주요 작품으로 〈뿡 뀌고, 빵 뀌는 방귀 시합〉, 〈신데렐라를 찾아라!〉 등이 있습니다.

그림 장라영
대학에서 디자인을 전공하고 웹디자이너로 일했습니다. 어린이를 위한 재미있고 따뜻한 그림을
그리고 싶어 '꼭두 일러스트 교육원'에서 그림책 공부를 하고, 지금은 프리랜서 일러스트레이터로
활동하고 있습니다. 주요 작품으로 〈안녕? 한다는 게 그만 어흥!〉이 있습니다.

흥부네 기와집 놀부네 초가집
초판 1쇄 펴낸날 2014년 10월 30일 | **초판 2쇄 펴낸날** 2019년 7월 31일
글 박수연 | **그림** 장라영 | **펴낸이** 박형만 | **펴낸곳** 도서출판 (주)키즈엠
편집책임 오혜숙 | **편집** 천미진, 박종진, 신경아
디자인 한지혜 | **제작책임** 김선웅 | **제작** 여인석, 나현민 | **마케팅** 정승모, 조선욱
출판번호 제396-2008-000013호 | **주소** 서울시 금천구 가산디지털1로 171, 1112
전화 1566-1770 | **팩스** 02-3445-0353 | **홈페이지** www.kidsm.co.kr
ISBN 978-89-6749-272-4, 978-89-6749-197-0(세트)

ⓒ 장라영, ㈜키즈엠, 2014
이 책에 실린 글과 그림의 무단 전재 및 무단 복제를 금합니다.

이 도서의 국립중앙도서관 출판시 도서목록(CIP)은 e-CIP 홈페이지(http://www.nl.go.kr/ecip)와
국가자료공동목록시스템(http://www.nl.go.kr/kolisnet)에서 이용하실 수 있습니다.
(CIP제어번호 : CIP2014028447)

흥부네 기와집 놀부네 초가집

글 박수연 그림 장라영

동화구연 QR코드

흥부와 놀부 이야기를 들어 보았니?
마음씨 착한 흥부는 제비를 구해 주어서
상으로 금은보화를 얻었어.
욕심 많은 놀부는 제비 다리를 일부러 부러뜨려서
벌로 재산을 몽땅 잃었지.
그리하여 흥부와 놀부의 형편이 바뀌고 말았어.
부자가 된 흥부는 으리으리한 기와집에서,
쫄딱 망한 놀부는 허름한 초가집에서 살게 되었지.

흥부네 기와집은 양반이나 부자들이 사는 집이야.
얼핏 보기에도 전에 살던 집보다 몇 배는 더 컸지.
흥부는 집 주변을 한 바퀴 빙 돌고 와서
"어이쿠, 벌써 해가 저무네." 하고 우스갯소리를 했어.

놀부가 살게 된 초가집은 서민들이 사는 집이야.
먼지 폴폴 날리는 마른땅에 터를 잡고
너덕너덕 흙을 발라 만들었지.
넓디넓은 기와집에서 살던 놀부는
아담한 초가집을 보자마자 한숨을 푹 쉬었어.

흥부는 위풍당당한 솟을대문을 보고 깜짝 놀랐어.
솟을대문은 크고 튼튼한 나무로 만들어졌어.
대문간 곁에 있는 행랑채 지붕보다 높게 솟아 있어서
가마나 말이 지나다닐 수도 있지.
흥부가 굳게 닫힌 대문을 밀자 끼익 소리를 내며 열렸어.

놀부네 초가집 대문은 가는 나뭇가지를
얼기설기 엮어 만든 사립문이었어.
기세 좋던 놀부가 고개를 푹 숙이고 힘없이 사립문을 열었어.
마을 사람들은 그런 놀부의 꼴이 우스운지
힐끔대며 웃었어.

집 안에 들어선 흥부는 단단한 기와지붕을 올려다보았어.
기와지붕은 지붕에 진흙을 바른 뒤,
흙으로 빚어 구운 기와를 한 줄 한 줄 얹어 만든 거야.
비가 와도 물이 새지 않고,
바람이 불어도 날아갈 염려가 없었지.
흥부는 더 이상 해마다 지붕을 고칠 일도,
날아간 지붕을 찾아다닐 필요도 없어졌어.

놀부네 초가지붕은 짚을 엮어 만든 거야.
벼를 타작하고 남은 볏짚을 모아 만들었지.
그래서 가벼운 지붕이 바람에 날아가지 않도록
새끼줄로 꼼꼼하게 묶어 고정시켰어.
놀부가 초가지붕 위에 열린 커다란 박을 보았어.

놀부는 허겁지겁 지붕 위로 올라가 박을 땄어.
"이 박 안에 금은보화가 잔뜩 있을 거야."
놀부는 쓱쓱 썩썩 박을 탔어.
하지만 박 속에는 씨만 가득했지.
"에이, 쓸데없이 힘을 썼더니 안 그래도
쏙 들어간 배가 등가죽에 달라붙었네."

슬슬 배가 고파진 흥부는 잠시 집 구경을 멈추고 부엌으로 향했어.
흥부네 부엌은 전에 살던 집의 부엌보다 훨씬 컸어. 부뚜막에는 밥하고 국 끓이는 솥이 세 개나 있었고, 찬장에는 예쁜 자기 그릇들이 차곡차곡 놓여 있었지.
흥부의 아내가 저녁을 맛있게 차리고 있었어.
"조금만 기다려요. 곧 다 돼요."

박을 타느라 힘을 쓴 놀부도 몹시 배가 고팠어.
주린 배를 움켜쥐고 부엌으로 갔지.
부엌 아궁이 앞에 쭈그려 앉은 놀부의 아내가
아궁이에 마른풀을 때고 있었어.
"밥 되려면 아직 멀었는가?"
놀부가 부엌을 살피며 물었어.
"기다려 봐요. 뭔 부엌일을 해 봤어야지……."
연기를 들이마신 놀부의 아내가
연신 기침을 해 대며 말했어.

밖으로 나온 놀부는 솔솔 부는 가을바람을 맞았어.
굴뚝에서는 연기가 몽실몽실 피어올랐어.
밥 짓는 구수한 냄새를 맡으며 놀부는 생각에 잠겼어.
'어릴 적에는 이보다 더 작은 초가집에 살았지.
어머니가 밥을 하고 계시면
좁은 마루에 앉아 흥부와 두런두런 이야기를
나눴는데……. 그때가 참 좋았어.'

저녁을 먹은 흥부가 다시 집 구경을 시작했어.
흥부네 기와집은 남자와 여자가 생활하는 곳이
나뉘어 있어. 사랑채는 남자가 생활하는 곳이야.
사랑채에는 책을 읽거나 손님을 맞는 사랑방,
잠을 자는 침방, 다락처럼 높게 만든 마루인
누마루 등이 있지.

여자가 생활하는 곳은 안채라고 해.
바깥에서 보이지 않도록 집 안쪽에 지었지.
안채에는 안주인이 생활하는 안방,
결혼한 자식의 아내가 지내는 건넌방,
방과 방 사이에 있는 큰 마루인 안대청 등이 있어.
흥부는 집 안 구석구석 방이 많아 어디가 어디인지 헷갈렸어.

바람이 쌀쌀해지자 놀부는 방으로 들어왔어.
단칸방 놀부네는 흥부네처럼 집 구경할 것도 없었지.
그때 놀부의 아내가 저녁상을 차렸어.
밥상 위에는 밥과 김치가 전부였지.
전에 먹던 반찬에 비하면 형편없었지만
배가 고팠던 놀부는 아주 맛있게 먹었어.

밥을 먹고 나니 차가웠던 방바닥이 어느새 따뜻해졌어.
놀부의 아내가 밥을 하면서 아궁이에 불을 때어
방바닥에 깔린 구들장이 데워져 방이 따뜻해진 거야.
놀부의 초가집도 흥부의 기와집처럼 바닥에 온돌을 놓았어.
아궁이로 들어가는 불기는 방 안을 따뜻하게 하고,
연기는 굴뚝을 통해 밖으로 나가게 되어 있었지.

집 안을 모두 둘러본 흥부가 마당을 거닐었어.
넓은 마당에는 오래된 나무와 꽃들이 자라고 있었어.
안채 뒷마당에는 고추장, 된장, 간장 등이 보관되어
있는 커다란 장독들이 옹기종기 모여 있었지.
그때 문득, 초가집에서 지내는 놀부 생각이 났어.
'넓고 좋은 집에만 사셨던 형님은 잘 지내실까?'

다음 날 아침, 흥부는 놀부의 초가집에 찾아갔어.
"형님, 저희 집에서 함께 살아요."
"됐다. 나는 여기에서 살련다.
전에 살던 집에 비하면 볼품없지만
나는 소박한 초가집이 마음에 든다.
어린 시절 아버지, 어머니와 함께 지내던 시절도 생각나고……."
놀부가 미소를 지으며 말했어.

그렇게 흥부는 기와집에서,
놀부는 초가집에서 행복하게 잘 살았어.

통합 교과 연계 1

한옥의 구조

한옥은 우리 조상들이 아주 오래전부터 생활한 집이에요.
우리나라의 전통 건축 양식으로 지어졌으며,
각 공간의 쓰임새가 명확하게 구분되어 있지요.
한옥의 구조가 어떻게 이루어져 있는지 함께 살펴봐요.

안채
여자들이 생활하는 곳이며 밖에서 보이지 않도록 집 안쪽에 위치해 있어요.

사랑채
남자들이 생활하는 곳이에요. 책을 읽고, 사람들을 만나는 공간으로 주로 대문과 가까운 곳에 위치해요. 안채에 비해 개방적인 구조예요.

사랑대청
사랑채에 있는 마루예요. 여름철에는 더위를 피하는 공간으로 사용돼요.

행랑채
행랑방과 곳간 등으로 사용되는 곳이에요. 행랑방은 일하는 사람들이 생활하는 곳이고, 곳간은 물건을 보관하는 곳이에요.

통합 교과 연계 2

우리나라의 상징

'우리나라 대한민국' 하면 어떤 것이 떠오르나요?
우리나라의 대표적인 상징물에 대해 알아보고,
나라를 사랑하는 마음을 갖도록 해요.

태극기
태극기는 우리나라의 국기예요. 흰색 바탕에 둥근 무늬의 태극과 막대 모양의 4괘로 이루어져 있지요. 흰색 바탕은 밝음과 순수를 상징하고, 평화를 사랑하는 우리 민족의 정신을 나타내요. 태극의 붉은색은 존귀함과 밝음을, 파란색은 희망과 어둠을 상징해요. 4괘는 하늘, 땅, 물, 불을 상징하지요.

무궁화
무궁화는 우리나라의 국화예요. '영원히 피고 또 피어서 지지 않는 꽃'이란 뜻을 가지고 있지요. 7월 초순에서 10월 하순까지 100여 일 동안 계속 꽃을 피우는 무궁화는 우리 민족의 꾸준함과 끈기, 부지런한 민족성을 상징해요.

한복
한복은 우리나라 고유의 옷이에요. 한복은 인체에 맞춰 곡선으로 바느질해 만들어 활동하기에 편안해요. 풍성한 여자 치마와 남자 바지는 움직임을 자유롭게 만들어 주지요. 또 한복은 계절에 따라 다양한 옷감을 사용해서 만들었어요. 여름에는 모시나 베, 봄과 가을에는 얇은 비단, 겨울에는 따뜻한 옷감인 공단 등을 사용했어요.

애국가

애국가는 우리나라의 국가예요. 원래는 스코틀랜드의 민요 '이별의 노래'라는 곡에 맞춰 불렸어요. 그러다가 1936년, 안익태 선생님이 지금의 곡을 작곡하여 애국가로 사용하게 되었어요.

김치

김치는 우리나라의 대표적인 음식이에요. 소금에 절인 채소에 젓갈과 양념을 섞어 발효시켜 만들지요. 우리 조상들은 수분이 많은 채소를 오래 저장하기 위해서 채소를 소금에 절여 여러 가지 양념에 섞어 먹는 방법을 개발했어요. 김치는 이러한 방법으로 탄생한 음식이에요. 김치의 종류는 400여 가지나 되어요.

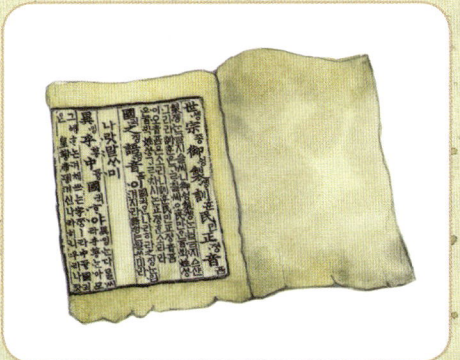

한글

한글은 1443년(세종 25년)에 세종 대왕과 집현전 학사들이 만들었어요. 한글의 처음 이름은 백성을 가르치는 바른 소리라는 뜻의 '훈민정음'이었어요. 한글은 발음 기관과 하늘, 땅, 사람의 모양을 본떠 만든 독창적인 문자예요. 한글은 소리를 나타내는 문자이기 때문에 24개의 자모만 익히면 그것을 조합하여 수많은 낱말을 만들 수 있어요.

우리나라 지도

우리나라의 모습을 자세히 살펴보며, 예쁘게 색칠해 보세요.

우리나라의 상징

우리나라를 대표하는 상징들에 대한 설명과 이름을 바르게 연결해 보세요.

- 우리나라의 이름 •   • 애국가

- 우리나라를 대표하는 꽃 •   • 대한민국

- 우리나라를 대표하는 노래 •   • 태극기

- 우리나라의 국기 •   • 한글

- 우리나라 고유의 옷 •   • 무궁화

- 우리나라 고유의 문자 •   • 한복

태극기를 그려요

자랑스러운 우리의 태극기를 잘 보고 따라 그려 보세요.

무궁화가 활짝

무궁화를 예쁘게 색칠해 보고, 무궁화를 보호하고 사랑하는 방법에 대해 생각하여 써 보세요.

무궁화를 보호하고 사랑하는 방법

- 무궁화를 많이 심어요.
- 거름도 주며 잘 가꿔요.
- 꽃을 함부로 꺾지 않아요.
- _____
- _____

애국가를 불러요

애국가의 노랫말 중 빈칸에 알맞는 말을 보기에서 찾아 써 보세요.

보기: 충성 소나무 백두산 무궁화 구름

1절 동해물과 (　　　　)이 마르고 닳도록
　　　　하느님이 보우하사 우리나라 만세

2절 남산 위에 저 (　　　　) 철갑을 두른 듯
　　　　바람 서리 불변함은 우리 기상일세

3절 가을 하늘 공활한데 높고 (　　　　) 없이
　　　　밝은 달은 우리 가슴 일편단심일세

4절 이 기상과 이 맘으로 (　　　　)을 다하여
　　　　괴로우나 즐거우나 나라 사랑하세

후렴 (　　　　) 삼천리 화려 강산
　　　　대한 사람 대한으로 길이 보전하세

우리나라를 빛낸 사람들

우리나라를 빛낸 사람에는 누가 있는지 조사해 보고, 그림을 그리거나 사진을 붙여 보세요. 그리고 조사한 내용과 본받을 점도 써 보세요.

조사한 내용

본받을 점

내가 할 수 있는 일

우리나라를 더욱 빛내기 위해 일상생활에서 내가 스스로 실천할 수 있는 일에는 무엇이 있을지 생각하여 써 보세요.

🌼 어려운 친구를 도와줘요.
🌼 공중도덕을 잘 지켜요.
🌼 부모님 말씀을 잘 들어요.
🌼 공부를 열심히 해요.

내가 스스로 실천할 수 있는 일

🌼 _____
🌼 _____
🌼 _____
🌼 _____
🌼 _____

우리나라를 여행해요

우리나라의 산이나 바다, 문화 유적 등을 여행한 경험을 그림으로 그리거나 사진을 붙여 보세요. 그리고 아래 물음에 답해 보세요.

언제 갔나요?	
어디로 갔나요?	
누구와 갔나요?	
무엇을 보았나요?	
무엇을 느꼈나요?	

수수께끼를 풀어요

우리나라와 관련한 다음 수수께끼의 알맞은 답을 보기에서 찾아 써 보세요.

보기: 씨름   세종 대왕   태권도   비빔밥   한반도   독도   거북선   한복   백두산   석굴암   김치   신사임당

- 한글을 창제한 조선 시대의 왕은? ....

- 소금에 절인 배추나 무를 고춧가루와 마늘 등의 양념에 버무려 만든 우리 음식은? ....

- 우리나라 전통의 무예를 바탕으로 하여 차기, 지르기, 막기 등의 기술을 사용하는 운동은? ....

- 우리나라 국토 전체를 일컫는 말은? ....

- 우리나라 가장 동쪽 끝에 있는 섬은? ....

- 고기와 나물, 여러 가지 양념을 넣어 비벼 먹는 우리 음식은? ....

- 이순신 장군이 만들어 왜적을 무찌르는 데 크게 이바지한 배는? ....

우리나라의 전통 집

우리나라의 전통 집인 기와집과 초가집의 특징을 살펴보고, 그림을 멋지게 색칠해 보세요.

기와집

- 흙으로 빚어 불에 구워 만든 기와를 지붕에 얹었어요.
- 신분이 높은 양반들이 살던 집이에요.
- 마당이 넓고, 방이 많았어요.
- 아궁이에 나무를 때서 방바닥을 따뜻하게 하는 온돌을 사용했어요.

 초가집(황토집)

- 짚을 엮어 지붕을 만들었어요.
- 주로 평민들이 살던 집이에요.
- 방은 한 칸이나 두 칸 정도로, 가족이 옹기종기 모여 지냈어요.
- 기와집처럼 온돌을 사용했어요.

우리나라를 아껴요

우리나라를 소중히 여기는 자세로 바른 것에 ○표, 틀린것에 ×표 하세요.

- 우리나라의 자랑스러운 전통과 문화를 배우고 익혀요. ⬜
- 태극기를 소중히 여기고 깨끗하게 사용해요. ⬜
- 애국가를 부를 때에는 친구와 웃으며 장난을 쳐요. ⬜
- 문화유산이나 유적에 마음대로 그림을 그리거나, 내 이름을 써요. ⬜
- 우리나라의 자연을 소중히 여기고 함부로 훼손하지 않아요. ⬜
- 세계인이 좋아하는 우리 음식에 자랑스러운 마음을 가져요. ⬜
- 박물관이나 유적지의 유물들을 직접 만져 봐요. ⬜
- 우리나라를 빛낸 위인들의 이야기를 읽고, 본받을 점을 생각해요. ⬜
- 외국인 친구를 만나면 우리의 문화에 대한 이야기는 하지 않아요. ⬜
- 태극기를 게양하는 날에는 집 앞에 태극기를 알맞게 게양해요. ⬜